Norbert Golluch

Millionenquiz für Doofe

Wieviele Flaschen Bier sind in einem Sixpack?

a) Drei?

b) Ganz schöne viele

c) Sechs Liter

d) Sind da nicht Dosen drin?

Eichborn.

Die Deutsche Bibliothek - CIP-Einheitsaufnahme

Millionenquiz für Doofe

Lektorat: Oliver Thomas Domzalski
Satz und Layout: Norbert Golluch
Druck und Bindung: Fuldaer Verlagsanstalt
ISBN 3-8218-2269-4

Verlagsverzeichnis schickt gern:
Eichborn Verlag, Kaiserstr. 66, D - 60329 Frankfurt am Main
Besuchen Sie uns im Internet: www.eichborn.de

Überforderung überall!
Wer blickt es noch? Wer kann die unheimlich schlauen Fragen beantworten, die überall gestellt werden? Eines ist sicher: Wir nicht!

Wozu auch? Es muß ja nicht jeder ein Einstein sein! Überhaupt: Was haben solche Typen eigentlich geleistet? Atombomben erfunden. Zentnerweise Papier verschwendet. Sonst nix.

Aber wir können auch in schlau! Wir haben die schwersten Fragen aufgeschrieben, die wir kennen, und jeder von uns fünfen durfte eine Antwort aufschreiben, mit der er es schon einmal probiert hat.

Aber: Bitte wundern Sie sich nicht über kleinere Feeler in Fragen und Auflösungen - unser Expertenteam war weitgehend blond.

Wieviele Flaschen Bier sind in einem Sixpack?

a) drei?
b) ganz schön viele
c) sechs Liter
d) Sind da nicht Dosen drin?

Welches Symbol steht für die Hilfsorganisation "Rotes Kreuz"?

a) gelber Halbmond
b) blaue Seegurke
c) grüner Hammer
d) Krankenwagen mit Tatütata

100 DM

Wie heißen bitte die vier Jahreszeiten?

a) Kaspar, Melchior, Balthasar
b) John, Paul, George und Ringo
c) Ostern, Pfingsten, Weihnachten & Muttertag
d) Dinky-Winky, Dipsy, Lala und Po

Männer wollen immer nur das Eine. Was?

a) Autos
b) Bier
c) Fernsehen
d) Fußball
e) reden, reden, reden

100 DM

Welche Zahl kommt ziemlich gleich nach der 11?

a) dreizehneinhalb
b) 10
c) Dienstag
d) der Daumen

Das Gegenteil von Ja heißt ...

a) ... vielleicht
b) ... jetzt nicht
c) ... wenn meine Fingernägel trocken sind
d) ... nicht schon wieder

100 DM

Du springst aus dem Fenster.
In welche Richtung fliegst du los?

a) nach oben
b) nach schräg links unten
c) je nach Wetter
d) zweimal rechts, dann nochmal fragen

Wieviele Räder hat
ein Auto?

a) drei
b) noch mehr
c) mit Lenkrad vier, glaube ich
d) ich hab' noch nicht nachgezählt

100 DM

Wo regierte der Kaiser von China?

a) in Amerika
b) in Kaiserslautern
c) auf einem Thron
d) in China

Was blubbert so im Wasserbett?

a) der Blupp
b) Wackelpudding
c) Seifenblasen
d) sag ich nicht

100 DM

Was gehört nicht in den Kosmetikkoffer?

a) Filzstift
b) Silikon
c) Wagenheber
d) M&Ms

Wohin gehören Liebesbriefe?

a) im Abfalleimer
b) im Ausland
c) im BH
d) im Sondermülldeponie

100 DM

Welches ist der richtige Hamster?

a) Silber-
b) Bronze-
c) Vierter-Platz-
d) Kampf-

Wie lauten die ersten vier Buchstaben?

a) A-B-C
b) A-R-S-CH
c) H_2O
d) E-G-A-L

100 DM

Welches ist keine politische Partei?

a) DDT
b) F.D.P
c) CDU
d) SED

Wie lautet der folgende Satz korrekt? Eine Blondine …

a) … macht noch keinen Sommer.
b) … kommt selten allein.
c) … ist aller Laster Anfang.
d) … im Haus ist besser als 'ne Brünette auf'm Dach.

100 DM

Zwischen Leber und Milz paßt immer noch ein ...

a) ... Champignon
b) ... Pilz
c) ... Gerstenkaltschalengetränk
d) ... Jägerschnitzel

Wie nennt man das lustige Ratespiel um den Führerschein?

a) Quiz
b) Promilletest
c) Memory
d) Hasch mich, ich bin der Frühling!

1.000 DM

Welche Farbe auf der Ampel bedeutet STOPP?

a) Oben
b) Gelb
c) Schwarz - Rot - Gold
d) Blau

Sie fahren 180 und sehen eine Radarkontrolle. Was tun Sie?

a) links abbiegen und aus dem Wrack kriechen
b) im Schminkspiegel die Haare richten, lächeln
c) den Schleudersitz betätigen
d) beide Hände vors Gesicht

1.000 DM

Woher kommt eigentlich die Milch?

a) aus Milchschnitten
b) sie kommt unten aus so einem Tier heraus
c) aus einer texanischen Milchquelle
d) Sie Ferkel!

Wer legt zu Ostern diese runden Dinger?

a) Osterkuh
b) Osterhuhn
c) Ostermaus
d) Osterdackel

1.000 DM

Ordnen Sie den Begriff „Steinzeit“ ein!

a) auf jeden Fall vor der Erfindung des Fernsehers
b) kurz nach der Geburt der ersten Blondine
c) das war diese Demo in Kreuzberg, oder?
d) Keine Zeit, ich ordne gerade Ölsardinen ein!

Wer bringt den Liebespaaren die kleinen Kinder?

a) UPS
b) der Bullemann
c) niemand, die Biester kommen von selbst
d) Viel wichtiger ist doch:
Wer nimmt Sie wieder mit?

1.000 DM

Wieviele Ecken hat ein Quadrat?

a) 2
b) 3
c) kommt drauf an, von wo man guckt
d) paar mehr als 'n Dreieck

Was war zuerst da: das Huhn oder das Ei?

a) das Huhn
b) zwei Hühner
c) beides zugleich
d) ich weiß es, aber ich sag's nicht

1.000 DM

Was ist schwerer: ein Kilo Blei oder ein Kilo Federn?

a) Federn wiegen nichts
b) Blei natürlich
c) Beides wiegt niemals ein Kilo!
d) Was ist ein Kilo?

Was tun Blondinen mit Tiefkühlspinat?

a) abnagen
b) in Scheiben schneiden und lutschen
c) Iglu draus bauen
d) auftauen und wegwerfen

1.000 DM

Was füllt man im Sommer ins Schwimmbad?

a) Eiswürfel
b) Dosenbier
c) Sonnenöl
d) Jägersoße

Wie heißt das runde weiße Ding am Nachthimmel?

a) Säufersonne
b) Wattepad
c) Lampe
d) Welches runde weiße Ding denn?

2.000 DM

Morgenstund …

a) … ist ungesund
b) … hat nichts im Mund
c) … macht Brötchen rund
d) … ist laut beim Bund

Wasser ist meistens …

a) … naß
b) … ungesund
c) … irgendwie unsichtbar
d) … zu teuer

2.000 DM

Ein Auto fährt mit ...

a) ... Wasser
b) ... Wodka
c) ... Meister Propper
d) ... 180

Wieviele Sekunden hat eine Minute?

a) Was waren nochmal Sekunden?
b) kommt ganz drauf an
c) 0,6
d) nie genug

2.000 DM

Was öffnet man mit einem Dosenöffner?

a) Hosen
b) Dosen
c) Rosen
d) Soßen

Wieviele Stunden hat der Tag?

a) Welcher?
b) 16 morgens, nochmal 12 abends
c) acht schwere und eine blaue
d) 32 Halbe und zwei Korn

2.000 DM

Wieviele Spieler hat eine Fußballmannschaft?

a) Da muß ich mal Christoph anrufen
b) ziemliche viele
c) sechs vorne, sechs im Tor
d) Zählt der Ball mit?

Eine Ameise hat sechs ...

a) ... Flügel
b) ... Räder
c) ... Kufen
d) ... Häuser

2.000 DM

Das berühmte Werk von Albrecht Dürer heißt Ritter, Tod und ...

a) ... Staubsaugervertreter
b) ... Bundeskanzler
c) ... Sport
d) ... Tachometer

Die deutsche Hauptstadt heißt ...

a) ... Merlin
b) ... Templin
c) ... Sütterlin
d) ... wirklich nicht Templin?

2.000 DM

Wie heißen die rechteckigen Dinger zum Lesen?

a) Fahrpläne
b) Klorollen
c) Pixie-Bücher
d) Ich glaub', ich kann nicht lesen

Das Nationalgetränk der Griechen heißt ...

a) ... Sirtaki
b) ... Metaxos
c) ... Tacheles
d) ... Domestos

4.000 DM

Welches ist keine Automarke?

a) BMW
b) Mercedes
c) Opel*
d) Pampers

* Auflösung: c

Wie heißt der berühmte Modeschöpfer?

a) Karl Lagerbier
b) Karl Lagerkoller
c) Karl Lagerlöf
d) Carlo Gucci
e) Moto Gucci

4.000 DM

Was passst nicht in die Reihe?

a) Apfel
b) Birne
c) Pflaume*
d) Kernkraftwerk

*Auflösung: c (Pflaumen haben keine Kerne, sondern einen Stein)

Was passt sehr genau in die Reihe?

a) 1. Reihenhaus
b) 2. Reihenhaus
c) 3. Reihenhaus
d) Reiheneckhaus mit Garage

4.000 DM

Welche Form der Arbeit ist verboten?

a) Rotarbeit
b) Grünarbeit
c) Blauarbeit
d) jede

Welches Wort ist länger?

a) Ei
b) Brot
c) Bratwurst
d) Doppeldeckerbus

4.000 DM

Wie nennt man eine Figur mit drei Ecken?

a) Fünfeck
b) Eckkneipe
c) Goethes Freund Eckermann
d) Napoleon

Welches der folgenden Tiere ist kein Tier?

a) Maus
b) Katze
c) Hund
d) Blumenkohl

4.000 DM

Wie heißen die drei Musketiere?

a) Eene, Meene, Mu
b) Tick, Trick & Track
c) Giros, Döner & Kebap
d) Artos, Portos und Hanutos

Welches Sternzeichen ist noch Jungfrau?

a) Löwe
b) Waage
c) Steinbock
d) Stier

4.000 DM

Die Frau von Adam, dem ersten Menschen, hieß ...

a) ... Frau Adam natürlich
b) ... Maria
c) ... Melanie
d) ... Madonna

Normales Wasser kocht bei ...

a) ... 100 Mark
b) ... 1000 Grad
c) Unser E-Herd geht nur bis Stufe 6.
d) Keine Ahnung, wir haben einen Wasserkocher.

8.000 DM

Wie heißt der Werbeslogan: Nicht immer ...

a) ...aber immer schneller
b) ... aber Immensee
c) ... aber ohne mich
d) ... aber nicht hier

Wenn Angestellte Ferien haben, heißt das ...

a) ... Urzeit
b) ... Ferien
c) ... Urologie
d) ... blaumachen

8.000 DM

Das Fremdwort für Frauenarzt heißt ...

a) ... Genickologe
b) ... Ohrologe
c) ... Babyologe
d) ... Onkel Dokter

Welches von denen ist kein Wochentag?

a) Mondtag
b) Klinsmann
c) Dönerstag
d) Sprittwoch

8.000 DM

Unser Bundeskanzler heißt ...

a) ... Gerhard Döser
b) ... Erhard Köhler
c) ... Bernhard Löser
d) ... Käpt'n Blaubär

Hopfen und Malz ...

a) ... gut fürn Hals
b) ... und schon knallt's!
c) ... Gott der Pfalz
d) ... Doppelsalz

8.000 DM

Eene meene miste ...

a) ... wer geht da auf die Piste?
b) ... ich steh' auf Mannis Liste
c) ... ich leg mich in die Kiste!
d) ... was ist Mallorca triste!

Welches Land gehört nicht zu den Nachbarländern Deutschlands?

a) Bayern
b) Venlo
c) Türkei
d) Mallorca

8.000 DM

Wie sortiert man Bücher im Regal?

a) nach Farbe
b) nach Dicke
c) nach dem Vornamen des Autors
d) Wer hat denn zwei Bücher?

Wie heißen die kleinen Dinger, die man auf Briefe klebt?

a) Aufkleber
b) Sticker
c) Tattoos
d) Euro

8.000 DM

Das grüne Zeug auf der Wiese nennt man ...

a) ... Escorial Grün
b) ... Marihuana
c) ... Schimmel
d) ... Spinat

Zu Ostern schenkt man sich traditionell ...

a) ... Hasi Goreng
b) ... Hasenkeule
c) ... Eierwärmer
d) ... Flugtickets

16.000 DM

Wie spricht man einen König an?

a) Eyh, Majestät, sach ma …
b) Hallo, Herr König …
c) Eure Dekadenz…
d) Tach, Herr Müller!
e) Hassemanemark?

Welche Tierart ist vom Aussterben bedroht?

a) Gummibär
b) Torfkopp
c) Riesenrindvieh
d) Nachteule

16.000 DM

Welches ist kein Kosename für den Ehegatten?

a) alter Saftsack
b) Couchkartoffel
c) Balkonraucher
d) Entenmelker

Welcher Verein spielt nicht in der Bundesliga?

a) Schalke 05
b) Juventus Urin
c) Bayern Lynchen
d) Borussia Dorfhund

16.000 DM

Die neue europäische Währung heißt ...

a) ... Euromark
b) ... Urlaubsflocken
c) ... M & M
d) ... Düsentrieb
e) ... Subventionen

Das Voyeur-Special bei RTL II heißt ...

a) ... Big Mac
b) ... Big Mother
c) ... Big Apple
d) ... Bigamie

16.000 DM

Woraus wird Bier gemacht?

a) aus der Bier-Traube
b) es kommt aus Bier-Quellen
c) aus Hopfen und Schmalz
d) aus Durst

Was bedeutet die Farbe Rot bei der Verkehrsampel?

a) weiterfahren, bis der Motor glüht
b) frische Schminke auflegen
c) weiterfahren, ohne rot zu werden
d) Sperrbezirk, Sex verboten!

16.000 DM

Woher kommen zu Weihnachten die Geschenke?

a) vom Osterhasen
b) vom Himmel
c) von Opa
d) aus dem Versandhaus

Welches ist die größte Kulturleistung der Menschheit?

a) der Opel Manta
b) die Entdeckung des Silikons
c) Kultur kann ich mir nicht leisten
d) die Erfindung des Spartarifs im Sonnenstudio

16.000 DM

Welche klugen Leute geben einmal im Jahr eine Wirtschaftsprognose?

a) die sieben Zwerge
b) die drei Vollwaisen
c) Mannis Stammtisch
d) Du kriegst gleich eins auf die Prognose!

Das Gegenteil von arm heißt ...

a) ... Mercedes
b) ... bein
c) ... mit Asche am Bein
d) ... Lottokönig

32.000 DM

Was bedeutet das Wort „kreativ"?

a) irgendwas mit Wetter
b) Makramée in der VHS
c) Cluburlaub mit Animateur
d) immer einen Witz auf Lager

Welches ist kein Planet?

a) Venus
b) Mars
c) Bounty
d) Snickers

32.000 DM

Welcher ist kein griechischer Gott?

a) Zeus
b) Ares
c) Apollo
d) Fielmann

Wieviele Päpste gibt es?

a) neue oder alte?
b) zwölf
c) zwei: Johannes + Paul
d) immer einen zuviel

32.000 DM

Wie heißen die sechs Kontinente?

a) Afrika, Asien, Rußland, Wannsee, Englischer Garten
b) Costa Brava, Costa Blanca, Roberta Blanca, Costa Cordalis, Costa Garnix
c) Ballermann 1-7
d) Keine Ahnung, ich bin inkontinent

Wie heißt Schimanski mit Vornamen?

a) George
b) Kommissar
c) Duisburg
d) Heinz-Dieter
e) Rumpelstilzchen

32.000 DM

Welcher Vogel baut kein Nest?

a) Adler
b) Meise
c) Brathähnchen
d) Hans-Jochen

Welcher von den vieren ist kein Westernheld?

a) Helmut Kohl
b) Harald Schmidt
c) Django
d) Pumuckl

64.000 DM

Im Märzen der Bauer ...

a) ... den Acker verkauft
b) ... die Kühe verschenkt
c) ... die Schafherde keult
d) ... den Traktor betankt

Was schoss Wilhelm Tell seinem Sohn vom Kopf?

a) Kopflaus
b) Hamburger
c) Nudelmütze
d) Apfeltasche
e) Schuppen
f) Garage

64.000 DM

Welches Schlange gibt es wirklich?

a) Bordellnatter
b) Strichviper
c) Freudenhausschlange
d) Puffotter

Wie heißt der Deutschen liebster Fernsehpfarrer?

a) Manfred Mücke
b) Walter Wespe
c) Dagobert Hummel
d) Theo Tarantel

64.000 DM

Welche Rolle wurde von Arnold Schwarzenegger verkörpert?

a) der Distributor
b) der Radiator
c) der Plagiator
d) der Terminator

Was tanzen die Bayern traditionell?

a) den Mussolini
b) den Veitstanz
c) den Schwänzeltanz
d) den Eiertanz
e) den Plattschuhtango

64.000 DM

Wie heißt Hermann Hesses berühmter Roman?

a) Das Steppenhuhn
b) Der Wüstenwolf
c) Der Tundradackel
d) Der Savannen-Foxterrier

Was füttert man auf dem Markusplatz in Venedig?

a) Taube
b) Blinde
c) Stumme Gondolieri
d) Sozialhilfeempfänger
e) Piranhas

64.000 DM

Bei welcher Sportart verwendet man einen Blinker?

a) Linksabbiegen
b) Frisbee
c) Teebeutelweitwurf
d) Spechtangeln

Welches Zeichen zeigten Piraten auf ihrer Flagge?

a) Satelliten-Navigationssystem
b) Rasierapparat
c) Holzbein
d) Rumtopf

64.000 DM

Wie nennt man einen Ort in der Wüste, an dem sich Wasser findet?

a) Club Mediterranée
b) Onassis
c) Ort in der Wüste, an dem sich Wasser findet
d) Kloake
e) Kiosk

Auf welchem Vornamen sitzt der Adler?

a) Horst Schimanski
b) Horsti-Borsti
c) Horstdieter
d) Walter

125.000 DM

Wer verfasste „Das Kapital"?

a) Karl May
b) die Marx-Brothers
b) Karl Valentin
c) Karl Moik

Welches Tier ist kein Fisch?

a) Brathering
b) Ölsardine
c) Milchkuh
d) Rollmops

125.000 DM

Aeroflot ist ...

a) ... eine russische Ventilatorhersteller
b) ... eine Durchfallerkrankung im Flugzeug
c) ... der Flugdienst der Vampire in Transsilvanien
d) ... ein Last-Minute-Service für Piloten, die verschlafen haben

Welches ist kein weiblicher Vorname?

a) Regina
b) Angina
c) Melanie
d) Hubert

125.000 DM

Was ist eine Autobiographie?

a) ein ausführliches Fahrtenbuch
b) die Gebrauchsanweisung für Blondinen
c) eine Anleitung zur Selbstreparatur von Autos
d) ein Schönschreibkurs für Blondinen

Eva verführte Adam im Paradies - mit Hilfe welcher Frucht?

a) Adamsapfel
b) Schlangengurke
c) Weingummi
d) Kartoffelchip
e) Fruchtzwerg

125.000 DM

Welches ist kein Küchenkraut?

a) Basel-aleikum
b) Heroin
c) Liebstöckel
d) Tüten, Thymian, Temperamente

Welches Spiel tanzt aus der Reihe?

a) Skat
b) Doppelkopf
c) Rommé
d) Hopse

250.000 DM

Wer war kein Boxer?

a) Muhammad Ali
b) Rocky Marciano
c) Mutter Theresa
d) Max Schmeling

Wer war nie Mitglied der CDU?

a) Rainer Barzel
b) Helmut Kohl
c) Das Krümelmonster
d) Rita Süßholz
e) Gott (oder jedenfalls nur ganz kurz)

250.000 DM

Wie heißt die Frau von Fred Feuerstein?

a) Horst
b) Frederike
c) Albert
d) Julius Cäsar

Flatulenzen sind Gasausbrüche ...

a) ... auf der Sonne
b) ... in einer chemischen Fabrik
c) ... in Sumpf und Moor
d) ... in der Hose

250.000 DM

Worauf fahren die Radprofis bei der Tour de France?

a) Rasenmäher
b) Dreirad
c) Asphalt
d) Tretroller

Welches Tier hat keinen Stachel?

a) Wespe
b) Biene
c) Schaukelpferd
d) Hornisse

250.000 DM

Welches ist keine Stadt in Bayern?

a) Rio de Janeiro
b) Erding
c) Piercing
d) Tutzing

Der größte deutsche Dichter heißt ...

a) ... Lothar Matthäus
b) ... Alfred Biolek
c) ... Johannes Göthe
d) ... Hape Kerkeling

500.000 DM

Wie heißt die römische Göttin der Liebe?

a) Britney Spears
b) Madonna
c) Venus von Kilo
d) Beate Uhse

Was übergab Gott dem Moses auf dem Berg Sinai?

a) das erste Handy
b) die zwölf Geschworenen
c) den Stab, mit dem er das Rote Meer umrührte
d) eine Dose Red Bull

500.000 DM

Worauf freute sich Robinson auf seiner Insel?

a) Auf ein lecker Bierchen
b) Auf die Mittagspause
c) Auf Freitag - ab ins Wochende
d) Auf den TUI-Rückflug

Welche Disziplin gehört nicht zum Modernen Fünfkampf?

a) Fechten
b) Schießen
c) Laufen
d) Ganz schnell laufen
e) Frikadellen braten

1.000.000 DM

Wer wurde 1974 Fußball-Weltmeister?

a) Boris Becker
b) Wuppertal
c) Asien
d) Na, wir doch!

Was entdeckte Kolumbus im Jahre 1392?

a) den Seeweg nach Frankfurt
b) den Westpol
c) den Unterschied zwischen Mann und Frau
d) daß er noch gar nicht geboren war
e) daß Amerika noch nicht offen hatte

1.000.000 DM

Welches ist wirklich ein chemisches Element?

a) Brimborium
b) Wasserium
c) Pandämonium
d) Provisorium

Der Nobelpreisträger Albert Einstein ist ...

a) ... der Entdecker des Gallensteins
b) ... der Erfinder des Atombusens
c) ... die Mutter der Relativitätstheorie
d) ... der Erfinder der rausgestreckten Zunge

1.000.000 DM